백두산 도련님
납시오~

백두산 도련님 납시오~

초판 1쇄 발행 | 2019년 09월 23일
초판 2쇄 발행 | 2021년 05월 03일

글쓴이 | 이초아
그린이 | 한혜정

펴낸이 | 오세기
펴낸곳 | 도담소리
주　　소 | 경기도 고양시 일산서구 강성로 147, 811호(동문시티프라자)
전　　화 | (031) 911-8906
팩　　스 | (031) 912-8906
이메일 | daposk@hanmail.net

편집디자인 : 공간디앤피

등록번호 | 제2017-000040호
ISBN 979-11-90295-00-0　73810

ⓒ 이초아, 2019

이 책은 저작권법에 따라 보호를 받는 저작물이므로,
출판사의 동의 없이 무단 전재나 복제할 수 없습니다.

• 잘못된 책은 구입하신 서점에서 교환해 드립니다.
• 책값은 뒤표지에 있습니다.

이 도서의 국립중앙도서관 출판예정도서목록(CIP)은 서지정보유통지원시스템 홈페이지(http://seoji.nl.go.kr)와
국가자료종합목록 구축시스템(http://kolis-net.nl.go.kr)에서 이용하실 수 있습니다.
(CIP제어번호 : CIP2019031893)

백두산 도련님 납시오~

글 이초아 그림 한혜정

도담소리

[책머리에]

몇 해 전, 무더운 여름날이었어요. 아이의 숙제를 도와주고 있는데, 아이가 제게 짜증을 내는 거예요. 저는 버릇없는 말투를 꾸짖었죠. 그런데 아이는 구시렁대면서 더 예의 없는 행동을 했어요. 저는 몹시 화가 나서 얼굴이 붉으락푸르락 해졌어요. 그리고는 자리에서 벌떡 일어나 서재로 성큼성큼 걸어 들어갔죠. 아이와 더 이야기하면 저 또한 나쁜 말을 하게 될 것 같았거든요.

속상한 일을 잊어버리려고 작품을 쓰기로 했어요. 그때, 갑자기 '버릇없는 아이를 조선시대로 보내면 어떻게 될까?'라는 생각이 들었어요.

왜 하필 조선시대냐고요? 조선시대에는 특히 예의범절을 중요시 여겼으니까요.

그때부터 저는 아이와 다툰 것도 잊고 신나게 동화를 쓰기 시작했어요. 제 아이와 이름도 비슷한 주인공 '백두산'을 조선시대로 보내 양반집 도련님이 되게 만들었답니다.

그런데 아이의 입장에서 동화를 쓰다 보니 저도 반성이 되었어요. 아이에게도 버릇없이 행동한 이유가 있다는 걸 알게 되었거든요. 하지만 아무리 원인이 있다고 하더라도 잘못된 말이나 행동으로 표현하는 건 문제 해결에 아무런 도움이 되지 않는답니다.

책장을 넘기며 여러분도 주인공 백두산과 함께 조선시대로 떠나볼까요? 생각해 보니 평소 예의 바르지 않게 행동한 적이 많아서 망설여진다고요? 괜찮아요. 조선시대에도 멋진 친구 한 명쯤은 만날 수 있을지 모르잖아요. 백두산도 과거로 가서 생각지도 못했던 친구를 만나게 되거든요. 궁금하다면 저와 함께 이야기 타임머신을 타고 과거로 여행을 떠나 봐요.

자, 출발!

2019년 어느 멋진 봄날
백두산 도련님을 만나서 행복한 이초아

[차례]

버릇 없는 백두산 • 9

도대체 여기가 어디야 • 23

반말해도 괜찮아! • 33

서당 공부 • 49

 마음과는 달라 • 57

 위험해! • 67

 집으로 • 75

◆ 어린이가 배워야 할 **절대 예절** • 84

버릇 없는 백두산

"선생님, 죄송해요. 버릇없이 행동하지 않도록 집에서도 가르칠게요."

엄마가 전화기를 붙잡고 연신 고개를 숙였어요. 두산이는 오늘 낮에 있었던 일이 떠올랐죠.

두산이는 학교 수업을 마치자마자 운동장에서 축구를 했어요.

"야! 빨리 공 안 막고 뭐해?"

두산이가 현민이에게 소리쳤어요. 현민이는 골키퍼였는데, 날아오는 공을 막지 못했어요. 결국 상대편에게 한 골 먹었죠. 같은 편인 두산이는 무진장 화가 났어요.

"일부러 그런 것도 아니잖아!"

현민이가 두산이의 말을 되받아쳤어요.

"우리 팀이 지면 다 네 탓이야!"

경기가 끝나지도 않았는데 두산이와 현민이는 다퉜어요. 흰색 모자를 쓰고 호루라기를 목에 건 축구부 선생님이 다가왔어요.

"경기 중에 왜 싸우고 그러니?"

"전 애랑 한 팀 하기 싫어요."

두산이는 현민이를 노려보며 기분 나쁘게 말했어요.
"시합에 집중하자. 다음에 팀 짤 때는 그렇게 할게."
축구부 선생님이 달래듯 말했어요.
"싫어요! 얘랑 같이 축구 안 할래요."
"정 그렇다면 하지 마라!"

두산이가 계속 고집을 피우자 선생님도 더 이상 달래지 않았어요.

결국 두산이는 방과후 축구 수업을 하지 않고 집으로 와 버렸어요.

두산이는 현민이 때문에 기분이 나빴어요. 축구도 못하면서 방과후 축구부에 들어온 것도 이해가 안 됐어요.

"두산아, 엄마랑 이야기 좀 하자."

엄마가 두산이를 불렀어요. 엄마의 목소리는 평소보다 딱딱했어요. 두산이는 엄마와 마주 앉았어요.

"축구부 선생님께 들었어. 왜 그런 거야?"

"현민이가 잘못해서 한 골 먹었단 말이야."

"일부러 그런 것도 아니잖아."

엄마가 현민이 편을 들자 두산이는 더 화가 났어요.

"축구하기 싫으니까 일부러 그런 거야. 엄마는 아무 것도 모르면서. 에이씨!"

"너 방금 뭐라고 했니? 그게 엄마한테 할 소리니?"

엄마 얼굴이 붉으락푸르락 변했어요.

"엄마가 현민이 편만 드니까 그렇잖아."

두산이는 화를 내면서 소파를 발로 걷어찼어요.

"이 녀석이, 너 도저히 안 되겠다. 어디 예절 가르치는 곳에 보내든지 해야지. 집 떠나서 고생을 해봐야 정신 차리지. 늘 말만 하니까 달라지는 게 없어. 에휴."

엄마는 잔소리 끝에 긴 한숨을 내쉬었어요.

며칠이 지나 주말이 되었어요.

"두산아, 빨리 나와!"

아빠가 재촉했어요. 두산이는 인상을 찌푸리며 신발을 구겨 신은 채 밖으로 나왔어요.

"바람도 쐴 겸 가보자. 날씨가 딱 좋네."

아빠가 두산이 머리를 쓰다듬으며 말했어요. 엄마는 그런 두산이가 탐탁지 않은 표정이었고요.

고속도로를 한 시간 반 정도 달려서 낯선 곳에 도착했어요. 커다란 느티나무가 떡 하니 보였어요. 주위에는 기와로 된 집들이 옹기종기 모여 있었어요.
"여기가 어디야?"
두산이가 아빠를 바라보며 물었어요.

"옛날에 선비들이 모여 살던 마을이야. 기와로 된 집들이 보이지? 저쪽에 있는 서원에 가면 선비 문화를 체험할 수 있어."

아빠가 앞장서며 자세하게 설명해 주었어요.

"잘 됐어요. 온 김에 버릇 좀 고치게 여기 두고 갈 수 있는지 알아봐야겠어요."

엄마는 두산이가 들으라는 듯 큰 소리로 말했어요.

"엄마도 잔소리 하는 버릇 고치게 두고 가면 되겠네."

두산이가 입을 삐죽거리며 대꾸했어요.

"이 녀석이, 또!"

엄마가 양미간을 찌푸리며 두산이를 쏘아봤어요.

"여보, 그만해요. 두산이도 여기까지 와서 그러면 안 돼지."

아빠가 타이르자 엄마와 두산이가 잠잠해졌어요. 아빠가 먼저 걷기 시작했어요. 기와집과 대청마루가 있는 식당을 지났어요.

"여기가 서원인 것 같은데, 들어가 볼까?"

아빠가 나무문 위에 적힌 한자를 가리켰어요.

"빨리 들어가 봐요."

엄마가 먼저 문 앞으로 다가서며 대답했어요.

"난 안 들어갈래."

두산이가 신발 앞꿈치로 바닥을 툭툭 차며 말했어요.

"선비들이 어떻게 생활했는지 알 수 있다니까. 아빠랑 같이 들어가 보자."

아빠가 두산이 손을 잡아끌며 말했어요.

"난 하나도 안 궁금해."

두산이는 들어가기 싫어 힘을 주며 버텼어요.

"빨리 따라 들어와. 아니면 너 혼자 밖에 있든지."

엄마는 그런 두산이를 못마땅해 하며 서원 안으로 쏙 들어갔어요.

"그럼 알아서 해라."

아빠도 엄마를 뒤따랐어요. 두산이 혼자 문 앞에 덩그러니 서 있었죠. 두산이는 주위를 두리번거렸어요. 카메라를 목에 건 사람들이 여럿 보였어요. 가족끼리 놀

러온 사람들도 보였고, 머리카락 색깔이 다른 외국 사람들도 몇몇 보였지요. 외국 사람들은 이곳의 풍경이 신기한 듯 연신 사진을 찍어 댔어요. 그 모습을 보자, 텔레비전을 보다가 엄마가 했던 말이 떠올랐어요.

"저기가 어딘지 알아봐야겠어요. 여름방학 때 보내게요."

엄마는 아빠에게만 들리게 낮은 소리로 말했어요. 텔

레비전에는 두산이가 즐겨보던 '1박 2일'이라는 방송이 나오고 있었죠. 아빠가 아이들이랑 1박 2일간 여행을 떠나는 내용이었어요. 그날 방송은 아이들이 청학동에 가서 훈장님께 예절 수업을 받는 거였어요. 두산이보다 서너 살 어린 아이들이 훈장님께 혼이 나서 닭똥 같은 눈물을 흘리고 있었어요. 아이들의 아빠는 숨어서 그 모습을 지켜보며 웃음을 참고 있었고요.

'그러고 보니 TV에서 본 곳이랑 비슷한 거 같아. 엄마가 정말 청학동에 데려온 건 아닐까?'

두산이는 갑자기 불안한 마음이 스멀스멀 올라오는 것을 느꼈어요.

'서원에 들어가면 나를 두고 갈지도 몰라.'

두산이는 타고 온 차 쪽으로 돌아가야겠다고 생각했어요. 자기를 두고 가지 않게 차 옆에 딱 붙어 있어야겠다고 생각하면서 말이에요.

그때, 강아지 한 마리가 뛰어갔어요. 희고 작은 진돗개였어요. 예전에 키우다가 잃어버린 봉구를 똑 닮았어요.

"봉구야!"

두산이는 강아지를 부르며 좁은 골목길을 내달렸어요. 봉구는 두산이에게 잡힐 듯 말 듯 도망갔어요. 두산이는 힘이 들어서 숨을 헥헥 거렸어요. 한참을 뛰어가던 봉구는 두산이를 기다리듯이 뒤돌아봤죠.

두산이는 다시 봉구를 향해 달렸어요. 봉구가 다시 빨리 뛰기 시작했어요. 두 갈래 길이 나왔어요. 오른쪽으로 걸음을 향했어요. 한참을 걷다보니 담벼락 안쪽에서 아이들의 목소리가 들려왔어요.

"하늘 천 땅 지 검을 현 누를 황……."

'한자 수업 때 배웠던 천자문 같은데…….'

두산이는 제자리에 멈춰 섰어요. 두산이 키 보다 훨씬 높은 담장이 있었어요. 너무 높아서 안을 볼 수가 없었어요.

담벼락을 따라 걸었어요. 커다란 나무문에 쇠로된 동그란 문고리가 보였지요. 문고리는 두산이 목에 걸 수 있을 만큼 컸어요.

두산이는 문고리를 잡았어요. 문고리가 두산이 손에 척 달라붙는 듯 했어요. 마치 자석에 붙는 것처럼 말이에요. 두산이는 이상한 기분이 들었어요. 문고리를 잡고 문을 몸 쪽으로 당겼어요. 두산이 앞에 희뿌연 안개가 펼쳐졌어요.

한 발자국씩 앞으로 내딛었어요. 천자문을 읽는 아이들의 목소리가 점점 더 가까이 들려왔어요. 희뿌연 안개 속에서 검은 물체가 보이는 듯했지요.

도대체 여기가 어디야?

뿌옇게 서렸던 안개가 어느새 싹 걷혔어요. 머리를 길게 땋은 아이들 모습이 보였어요. 한복을 입은 아이들이 무릎을 꿇고 앉아 책을 읽고 있었지요. 두산이는 자신의 몸을 살폈어요. 하늘색 도포를 위 아래로 입고 고무신까지 신고 있었어요. 옷차림이 완전히 달라져 있었지요.

"이 녀석, 당장 앞으로 나오거라!"

힘이 실린 굵직한 목소리에 정신이 번쩍 들었어요. 두산이는 긴 회초리를 손에 쥐고 있는 어른을 보고 깜짝 놀랐어요. 게다가 그 어른이 두산이를 잔뜩 노려보고 있었거든요.

"혹시 텔레비전에 나온 훈장님이세요?"

두산이는 어리둥절해 하며 물었어요.

"네 이놈! 늦게 온 주제에 무슨 헛소리를 하느냐. 당장 앞으로 나오지 못할까!"

쩌렁쩌렁 울리는 훈장님 목소리에 두산이는 끌리듯 앞으로 나왔어요.

"종아리 걷어라! 어서!"

가까이 다가가니 훈장님의 거친 숨소리가 들렸어요. 훈장님의 흰 수염이 파르르 떨렸죠. 훈장님이 엄청 화가 났다는 것을 알 수 있었어요. 머리를 길게 땋아 늘어뜨린 아이들은 모두 고개를 숙이고 있었어요. 두산이는 회초리를 맞아야 한다는 걸 알아차렸어요.

'도대체 여기가 어디야? 드라마 촬영 중인가?'

짧은 시간 동안 두산이의 머릿속에 많은 생각들이 스쳐지나갔어요.

철썩.

매서운 회초리에 정신이 번쩍 들었어요. 기다란 회초리가 종아리에 착 감기며 선명하게 붉은 줄을 남겼어요.

철썩, 철썩.

"아야야!"

연거푸 두 대를 맞자 눈물이 주루룩 흘렀어요. 종아리를 붙잡고 파닥거리자 훈장님이 더 크게 소리쳤어요.

"네 이놈, 뭘 잘했다고 소리를 지르는 게냐. 자고로 훌륭한 선비가 되려면 인내심이 있어야 하거늘. 회초리를 맞는 것도 인내심이 필요하다."

더 소리를 질렀다가는 열 대 넘게 맞을지도 모른다는 생각이 들었어요. 비명이 새어나오지 않게 입을 틀어막았어요. 훈장님은 매질을 끝내고 나서 한 시간 가량 예의에 대해 말했어요. 두산이는 훈장님의 말이 귓가에서 왕왕 울리는 것 같았어요.

'여긴 도대체 어딜까? 왜 이곳에 오게 된 거지?'

풀리지 않는 질문들이 꼬리를 물고 이어졌어요.

지루하기만 하던 수업이 끝났어요. 다른 학생들이 책을 들고 일어섰어요. 두산이도 자리에서 엉거주춤 일어났어요.

"도련님, 여깁니다. 장터에 심부름 갔다 가는 길에 들렀어요. 책 이리 주세요. 제가 들게요."

현민이가 두산이에게 도련님이라고 부르며 이해하지 못할 말들을 했어요.

"현민아, 너 지금 장난치는 거지?"

두산이는 눈을 동그랗게 뜨며 물었어요.

"도련님, 장난이라고요? 현민이는 누구예요? 진짜 심부름 다녀온 거 맞아요."

"네 이름이 뭔데?"

"참 도련님도. 배가 많이 고프신가 봐요. 늘 부르던 이름도 깜빡하시고요. 돌쇠잖아요, 돌쇠!"

현민이가 진지한 눈빛으로 존댓말까지 하자 장난이 아니구나 싶었어요. 두산이는 할 말이 없었어요.

'커다란 눈, 오뚝한 코, 나보다 큰 키. 분명히 현민이랑 똑같이 생겼는데…….'

두산이는 머릿속이 뒤죽박죽 엉킨 채, 현민이를 따라 집으로 향했어요. 현민이를 자세히 살펴보았어요. 길게 땋은 머리카락에 흰색 머리띠를 이마에 감싸고, 펑퍼짐한 흰옷을 입고 있었어요.

"도련님, 빨리 안 가고 뭐 하는 갑쇼. 늦으면 어르신께 혼납니다."

현민이가 두산이를 재촉했어요.

"네가 앞장 서. 뒤따라 갈 테니까."

'집에 가면 엄마 아빠가 있을지도 몰라.'

두산이는 실낱같은 기대를 하며 현민이를 쫄래쫄래 따라갔어요. 거리를 지나가는 사람들 모두 한복을 입고 있었어요. 기와로 된 집들이 여러 채 보였고, 산자락에는 초가집이 옹기종기 모여 있었지요. 넓은 밭에는 바지를 걷어 부치고 밭을 매는 사람들의 모습도 보였어요. 누런 황소가 밭고랑을 가는 모습도 보였고요.

"도련님 먼저 들어가세요."

현민이가 어느 기와집 앞에서 멈추며 말했어요. 두산이는 심장이 벌렁거렸어요. 문을 열면 엄마가 "두산아!" 하고 부르며 안아줬으면 좋겠다고 생각했어요.

"엄마!"

문을 열자마자 두산이가 소리쳤어요. 안마당에 분홍색 고운 한복을 입은 엄마가 서 있었어요. 쪽진 머리가 낯설었지만 보름달처럼 동그랗고 코보다 작은 입이 엄마가 분명했어요.
 "네 이놈! 다 큰 녀석이 어디서 반말이냐!"
 화난 목소리의 주인공은 두산이 아빠였어요.

"아빠!"

두산이는 아빠를 보자 반가움에 강아지처럼 쪼르르 달려가 안겼어요.

"이 녀석이 실성했나? 지금 버릇없이 뭐하는 짓이냐!"

두산이는 순간 멈칫했어요. 평소 같으면 두산이를 안고 볼을 비비며 장난을 치던 아빠가 달라도 너무 달랐어요. 그러고 보니 아빠의 모습도 이상했어요. 출근할 때 끼던 안경도 끼지 않았고, 한복을 입고 머리에 관을 쓰고 있었어요. 동그란 눈으로 생글생글 웃던 아빠가 무섭게 노려보자 낯선 사람처럼 느껴졌어요. 두산이는 자신만 빼고 모두 연기를 하고 있는 것 같았어요.

'모두 거짓말이었으면 좋겠어. 도대체 어떻게 된 거지?'

두산이의 머릿속이 복잡한 생각들로 뒤죽박죽 뒤엉켰어요. 엉엉 울고만 싶었죠.

반말해도 괜찮아!

"자고로 선비란 몸과 마음을 경건히 해야 하느니라. 무릇 말이 모든 것의 시작이니 말을 함부로 하지 않아야 하거늘, 어찌 마음대로 말하고 천방지축 행동하는 것이냐?"

아빠는 마루에 서서 뒷짐을 쥔 채 두산이를 노려보며 말했어요. 두산이는 잠시 고개를 들었다가 이글거리는 아빠의 눈빛을 보고 다시 고개를 푹 숙였지요.

"어서 잘못했다고 말씀 드리세요."

옆에서 엄마가 두산이를 부추겼어요.

"오늘은 저녁을 굶기세요. 이렇게 버릇이 없는데 밥

은 먹어서 무얼 하겠소?"

아빠는 더 이상 할 말이 없다는 듯 옷자락을 탁탁 치며 방으로 돌아섰어요.

"아빠! 아니 아버지, 죄송해요."

두산이는 급한 마음에 존댓말을 하며 머리를 조아렸어요.

"아버지가 아니라 아버님이요. '죄송합니다'라고 말씀하셔야죠."

옆에서 엄마가 나지막이 말했어요. 엄마의 얼굴이 먹구름이 낀 듯 어두웠어요.

"아버님, 정말 죄송합니다."

두산이는 큰 죄라도 지은 것 마냥 넙죽 엎드리며 말했어요.

"흠흠. 그럼 좋다. 이번 한 번은 넘어갈 테니 식사한

뒤 사서삼경을 읽으며 예에 대해서 공부하도록 해라."

'사서삼경은 또 뭐지?'

두산이가 어리둥절해 하고 있으니 옆에서 엄마가 팔꿈치를 살짝 건드렸어요.

"얼른 대답하셔야죠."

"알겠사옵니다."

두산이는 드라마에서 들었던 존댓말을 떠올리며 말했어요. 신하가 왕에게 말하듯이 말이에요. 아빠의 입꼬리가 살짝 올라갔지요.

"잘하셨어요. 의젓하게 말씀하시니까 아버님께서도 흐뭇해하시네요. 시장하실 텐데 어서 의복을 갈아입으시고 식사하시지요."

엄마가 부드러운 목소리로 말했어요.

"엄마, 왜 제게 존댓말을 써요?"

"장차 훌륭한 선비가 되실 텐데 당연히 존댓말을 써야지요. 존댓말을 쓰는 건 상대방을 존중하는 것이니까요. 쿨럭 쿨럭 쿨럭."

엄마는 말끝에 기침을 연거푸 했어요. 감기에 걸렸는지 목소리도 갈라졌고요.

'엄마가 존댓말을 쓰니까 기분은 좋네.'

두산이는 달라진 엄마의 모습에 사뭇 기분이 나아졌어요. 이런저런 생각을 하는 동안 엄마가 갈아입을 옷을 내줬어요. 두산이는 옷을 갈아입었어요. 펑퍼짐한 소매단과 바지가 불편했어요.

"체육복이 제일 편한데. 옛날 사람들은 이런 옷을 입고 어떻게 지냈지?"

투덜거리는 소리가 절로 나왔어요.

그때, 엄마가 밥상을 들고 들어왔어요. 동그란 밥상 위에 흰쌀밥, 국, 김치, 김, 나물이 보였어요.

"많이 드세요."

엄마가 조용히 방을 나갔어요.

"같이 안 드세요?"

"어찌 한 밥상에 먹겠습니까? 저는 따로 먹겠습니다. 마음 쓰지 마시고 편히 드십시오."

엄마는 머리를 공손히 조아리며 방문을 닫고 나갔어요. 물러서는 엄마의 얼굴이 어딘가 아파보였어요. 두산이는 혼자 밥 먹는 게 익숙하지 않았어요. 하지만 막상 한 숟가락 먹고 나니 맛있어서 허겁지겁 먹었어요. 배가 두둑하게 불러오자 방바닥에 몸을 쭉 펴고 누웠어요. 따뜻한 아랫목에 누우니까 졸음이 솔솔 왔답니다.

"도련님, 식사 다 하셨는지요?"

밖에서 현민이 목소리가 들렸어요. 두산이는 반가운 마음에 자리에서 벌떡 일어났어요. 두산이가 방문을 벌

컥 열었어요.

"넌 밥 먹었어?"

두산이는 누런 이를 드러내며 웃고 있는 현민이에게 물었어요.

"저는 부엌에서 주먹밥 먹었어요."

두산이는 꼬박꼬박 존댓말을 하는 현민이를 보니 기분이 좋아졌어요. 예전에는 엄마가 공부 잘하는 현민이를 칭찬하며 비교했거든요. 그런데 지금은 현민이가 자신에게 굽실굽실 하니까 말이에요.

"나랑 공 찰래?"

두산이는 현민이와 신나게 한 판 뛰어놀고 싶었어요.

"저야 좋지만 어르신께서 아시면 엄청 혼나실 텐데요. 공부는 다 하셨는지요?"

현민이가 짐짓 걱정스런 표정으로 되물었어요.

"공부야 이따가 하면 되는 거고. 아버님 오시기 전에 실컷 뛰어놀자고."

두산이는 혼날 걱정보다 축구를 하고 싶은 마음이 우선이었어요.

"정 그러시다면 알겠습니다. 제가 돼지오줌보 가져올 게요."

"돼지오줌보?"

"축구를 하려면 돼지오줌보가 있어야죠."

현민이는 이해할 수 없는 말만 남기고 어디론가 쏙 사라졌어요. 두산이는 고개를 갸웃하며 있자, 이내 현민이가 공처럼 생긴 것을 들고 나타났어요.

"그게 공이야?"

"도련님도 참. 늘 저랑 차고 놀았으면서도 왜그러세요? 돼지오줌통 비우고 만든 공이잖아요."

"돼지오줌통이라고? 에이, 더러워."

두산이는 인상을 찌푸리며 말했어요. 현민이가 냉큼 공을 들고 찼어요.

'그것 밖에 없으면 어쩔 수 없지 뭐.'

두산이는 고무신을 신은 채로 공을 향해 달려들었어요. 좋아하는 공을 보자 답답한 마음이 사라지는 듯했어요. 있는 힘껏 공을 향해 뛰었어요.

현민이는 생각보다 빨랐어요. 짚신을 신고도 공을 몰고 요리조리 도망갔지요. 두산이는 불편한 고무신이 덜렁거려서 뛰기가 힘들었지만 힘껏 달려서 현민이를 따라잡았어요.

두산이는 발끝에 공이 닿자 힘껏 발길질을 했어요. 순간, 발끝에 뭔가 턱 걸리며 우지직 소리가 났어요. 고무신은 공중으로 슝 솟구쳤고요.

"도련님 괜찮으세요?"

두산이는 발을 부여잡고 바닥에서 데굴데굴 굴렀어요. 발가락이 부러진 듯 아파서 눈물이 절로 났어요. 공이 아니라 땅바닥을 세게 찼던 거예요.

"네 이놈! 도대체 뭐하는 짓이냐. 옷 꼬락서니 하고는……."

또다시 화난 아빠 목소리가 들렸어요. 아픈 발보다 혼날 생각을 하니 무서워서 엉엉 울었어요.

"어르신, 제가 잘못했습니다."

현민이가 땅바닥에 엎드려 아빠에게 빌었어요.

"너도 할 일을 안 하고 놀았으니 죄 값을 치러야 한다."

"어르신, 내쫓지만 말아 주십시오. 뭐든 하겠습니다."

현민이는 눈물을 글썽이며 굽실거렸어요. 두산이는 현민이에게 미안한 마음이 들었어요.

'내가 괜히 축구하자고 해서 현민이가 혼나고 있어.'

예전에는 현민이가 괜스레 미웠는데, 지금은 아니었어요.

다시 아빠의 목소리가 쩌렁쩌렁 울렸어요.

"이 녀석! 더 이상 기회가 없다. 양반의 품위를 떨어뜨리는 행동을 하다니. 도저히 말로는 안 되겠다. 방으로 따라 들어오너라."

아빠가 무서운 표정으로 말했어요. 두산이는 다리가 벌벌 떨렸어요. 예전에는 상냥했던 아빠가 이렇게 무서워질 수 있다는 게 믿기지가 않았어요.

'제발 이게 꿈이었으면…….'

두산이는 아빠 뒤를 따라가면서 자기 볼을 때렸어요.

찰싹거리는 소리가 꿈이 아니라고 말해 주는 듯했죠. 다리가 돌멩이라도 매단 듯 무겁게 느껴졌어요.

안방 문을 열고 들어섰어요. 아빠가 기다란 회초리를 들고 서 있었죠. 훈장님한테 회초리로 맞았던 기억이 되살아났어요. 온몸에 소름이 오소소 돋았어요.

"빨리 종아리 걷지 못할까!"

두산이가 멈칫하고 있자 소리를 버럭 질렀어요.

"잘못했어요."

두산이는 현민이랑 논 게 그렇게 잘못된 일인가 싶었지만 일단 빌기로 했어요.

"말로 해도 행동이 달라지지 않으니 회초리 밖에 답이 없다. 한 대씩 맞을 때마다 잘못을 반성하도록 해라."

아빠는 단호했어요. 두산이는 벌써 회초리에 맞은 것마냥 온몸에 힘이 잔뜩 들어갔어요.

그때 방문이 덜컹 열렸어요.

"제가 잘못했습니다."

엄마였어요.

"엄마!"

두산이는 엄마를 보자 서러운 마음이 울컥 차올랐어요. 한달음에 뛰어가 엄마 뒤로 쏙 숨어 버렸죠.

"당신이 자꾸 감싸고도니까 이렇게 버릇이 없는 것 아닙니까!"

아빠가 인상을 잔뜩 찌푸리며 엄마를 탓했어요.

"모든 게 제 탓입니다. 제가 제대로 못 가르친 탓이니 저를 벌하여 주세요."

엄마는 고개를 숙이다가 기침을 심하게 하기 시작했어요. 아빠는 긴 한숨을 토하더니 고개를 끄덕였죠.

"몸도 성치 않은 사람이……. 쯧쯧."

'엄마가 어디 아픈가?'

두산이는 아빠의 말이 마음에 걸렸어요. 엄마의 건강이 걱정되기도 했고요.

"잠시 바람이나 좀 쐬고 오겠소."

아빠는 답답한 마음을 식히려는 듯 밖으로 나갔어요.

"걱정할까 봐 그동안 숨겨 왔는데, 이미 병이 깊어서 손을 쓸 수가 없어요. 제가 있을 동안이라도 예를 익힐 수 있도록 도울게요."

엄마는 눈물이 그렁그렁 맺힌 채 말했어요.

"그게 무슨 말이에요? 엄마가 없으면 어떡하라고요."

두산이는 건강했던 예전 엄마의 모습을 떠올리며 말했어요.

"사람일이란 모르는 법인 것 같아요. 모든 게 하늘이 정한 뜻이겠지요."

엄마는 담담한 표정으로 대답했어요.

"안 돼요. 저랑 병원에 가요. 수술을 하면 되잖아요."

두산이가 떼를 쓰며 말했어요.

"병원이라니요? 수술은 또 무슨 말인지요?"

"제가 원래 살던 곳으로 돌아가면 돼요. 거기 가면 큰 병원이 있어요."

"자꾸 이상한 말씀하시면 혼만 더 날 거에요. 제발 이상한 말씀은 하지 마세요. 이렇게 부탁드릴게요."

엄마는 두산이가 헛소리를 한다고 생각하는지 두 손을 모으며 간곡히 부탁했어요.

'하긴 나도 지금 이해가 안 되는데…….'

두산이는 자신의 말을 이상하게 여기는 엄마가 이해됐어요.

"우선 세안부터 하시고 옷도 갈아입으세요."

"알았어요."

두산이는 엄마 말을 듣기로 했어요. 방을 나서는 엄마의 기침소리가 길게 이어졌어요.

서당 공부

다음 날이 되었어요. 새벽을 알리는 닭 울음소리가 들려왔어요.

두산이는 눈을 뜨자마자 주변을 살폈어요. 방안은 텅 비어 있었어요. 나무로 된 낮은 책상과 한자 책들만 있었어요.

"아야!"

스스로 볼을 세게 꼬집으니 눈물이 찔끔 나올 정도로 아팠어요.

"도련님, 일어나셨어요?"

밖에서 부르는 소리가 들렸어요. 익숙한 목소리였죠.

"누구세요?"

"돌쇠예요."

대답과 함께 방문이 열렸어요. 돌쇠가 아침상을 들고 안으로 들어왔어요.

"식사하시고 공부하러 가셔야죠."

돌쇠가 씨익 웃으며 말했어요. 한쪽 볼에 쏘옥 볼우물이 패였어요.

'보조개까지 현민이랑 똑같은데. 도대체 왜 이렇게 된 걸까?'

두산이는 머릿속이 거미줄처럼 뒤엉킨 듯했어요. 마음속은 더 복잡했고요.

"꾸물대면 어르신께 또 혼나니까 빨리 준비하셔요."

돌쇠가 밥상을 두산이 앞으로 밀며 재촉했어요.

순간, 두산이의 머릿속에 인상을 찌푸린 아빠 얼굴이 떠올랐죠.

'아빠는 나를 보면 항상 웃어 줬는데……'

또 예전 생각이 났어요.

"아직도 서당에 가지 않은 게냐?"

방 앞에서 들려오는 아빠 목소리에 두산이는 움찔했어요.

"도련님, 그럼 전 먼저 나갈게요."

돌쇠도 무서운지 꼬리를 감추는 강아지마냥 뒤돌아서 잽싸게 나갔어요.

두산이는 숟가락으로 밥을 퍽퍽 퍼먹었어요. 된장국, 김, 간장, 김치가 반찬의 전부였지만 아빠의 불호령이 무서웠거든요.

밥공기 가득한 밥을 한 그릇 비우고 나니 배가 볼록해졌어요. 예전 같으면 아침은 한두 숟가락 먹고 말았을 텐데 말이에요.

"아버님, 서당 다녀오겠습니다."

"그래. 훈장님께 인사 정중하게 하고 열심히 배우고 오너라."

두산이는 책을 챙겨 인사를 하고 집을 나섰어요.

넓은 밭과 초가집, 기와집이 이어진 길을 지나갔어요.

돌쇠를 따라온 기억을 떠올리며 혼자 서당을 찾아갔죠. 다행히 길이 복잡하지 않아서 헤매지 않고 서당에 도착했어요. 흰색 바지와 저고리를 입고 머리를 길게 땋은 남자 아이들이 무릎을 꿇고 책을 읽고 있었어요.

훈장님은 한복을 입고 속이 비치는 검은색 감투를 쓴

채 앉아 있었어요. 손에 든 긴 담뱃대가 회초리처럼 보여 두려웠죠.

"훈장님, 밤새 편안히 주무셨습니까."

두산이는 훈장님 앞으로 다가가 두 손을 배꼽 앞에 모으고 공손히 인사했어요.

"그래. 오늘은 늦지 않고 왔구나. 인사도 잘하고, 기특하네."

훈장님이 흐뭇한 미소를 지으며 칭찬했어요. 두산이는 칭찬을 듣자 불안했던 마음이 편안해졌죠.

두산이가 자리에 앉고 몇몇 친구들이 더 오고 나서 공부가 시작되었어요.

"오늘은 공자가 제자인 안연에게 인(仁)을 실천하는 방법에 대해 설명한 내용을 공부하겠다. 공자는 자신의 욕심을 이기고 예(禮)로 돌아가는 방법으로 '극기복례'를 들었다. 극기복례가 무슨 뜻인지 말해 보겠느냐?"

훈장님이 아이들 표정을 살피며 질문했어요.

무릎을 꿇은 채 공손한 자세로 앉아 있던 아이가 손을 들었어요.

"극(克)이란 이긴다는 것이고, 기(己)란 몸에 있는 욕심을 말하며, 복(復)이란 돌이킨다는 것이고, 예(禮)란 따라야 할 도덕 법칙을 말합니다. 즉, 욕심을 예와 의로써 극복하고 나아가는 것이 사람됨의 길이고, 나아가 도덕적 사회가 된다는 뜻입니다."

대답하는 아이는 초롱초롱한 눈빛만큼 또박또박한

목소리로 말했어요. 훈장님이 고개를 끄덕끄덕하며 아이의 말을 이어 받았어요.

"잘 말했다. 덧붙여 이이가 선조 때 명나라 사신인 황홍헌의 부탁으로 지은 극기복례설에 대해 설명하겠다. 이이는 인(仁)을 이루기 위해서 예(禮)를 갖추는 것이 중요하다고 했다. 그 이유는 예가 몸과 마음을 조절하는 것이기 때문이다. 너희들도 예가 아니면 보지 말고, 예가 아니면 듣지 말며, 예가 아니면 말하지 말고 움직이지도 않길 바란다."

두산이는 예에 관한 긴 설명을 들으며 그동안 자신이 했던 행동들이 떠올랐어요. 부모님 말씀을 듣지 않고 친구들한테 함부로 말했던 것들이 모두 예의에 어긋나는 행동이었다는 걸 깨달았지요.

훈장님은 그 후로도 극기복례를 실천하는 방법에 대해서 길게 설명했어요.

두산이는 한 시간 이상을 바닥에 앉아 있었더니 다리에 쥐가 났어요. 오른쪽 왼쪽 다리를 번갈아 접었다 폈

다 했지만 참기가 힘들었죠.

'책상에 앉아서 공부하는 것도 힘들다고 생각했는데 옛날 사람들은 이렇게 불편한 자세로 오랜 시간 앉아서 어떻게 공부한 걸까. 정말 대단한 인내심이네.'

두산이는 속으로 혀를 내둘렀지요. 하지만 이렇게 불편한 것을 참는 것도 옛날 사람들이 실천한 예라는 생각이 들었답니다.

마음과는 달라

시간이 흘러 일주일이 지났어요.

두산이는 매일 아침 눈을 뜨자마자 몸을 훑어봤어요. 눈을 뜨면 다시 예전으로 돌아가 있길 바라면서요. 하지만 펑퍼짐한 옷은 늘 그대로였어요. 오늘 아침도 마찬가지였고요.

'아, 갑갑해. 언제까지 이렇게 지내야 하는 걸까?'

두산이는 답답한 마음에 가슴을 땅땅 두드렸지요.

'여기서 계속 살면 엄마보다 내가 먼저 속 터져 죽을지도 몰라.'

두산이는 답답한 마음을 어딘가에 털어놓고 싶었어

요. 현민이가 떠올랐죠. 예전에는 말 붙이기도 싫었던 현민이었지만 지금은 아니었어요. 현민이랑 짧은 시간이었지만 돼지오줌보을 차면서 더욱 정이 들기도 했고요.

'현민이한테 내가 미래에서 왔다고 하면 믿어 줄까?'

두산이는 고민을 하다가 마당 구석에서 장작을 패고 있는 현민이를 찾아갔어요.

"현민아."

"도련님, 일찍 일어나셨네요."

현민이가 일을 멈추며 인사를 꾸벅했어요.

"와! 대단한데. 도끼질도 하고."

"늘 하는 일인데요."

현민이는 머리를 긁적이며 싱긋 웃었어요.

"나도 한번 해봐도 될까?"

두산이가 눈을 반짝이며 물었어요.

"도련님, 도끼가 생각보다 무거워요."

"나도 그 정도는 들 수 있거든."

두산이는 발끈 하며 말했어요. 힘이라면 현민이보다

훨씬 세다고 자신했으니까 말이에요.

"혹시 다치실까 봐요. 그럼 전……."

현민이가 말끝을 흐렸어요. 두산이는 현민이의 말이 끝나기도 전에 도끼를 냉큼 잡았어요. 두산이는 두 다리를 어깨보다 넓게 쩍 벌렸어요. 두 손으로 묵직한 도끼를 잡은 채 양손을 머리 위로 쳐들었어요. 이를 질끈 깨물며 힘껏 도끼를 쳐들고 통나무를 향해 내리찍었어요.

순간, 도끼가 통나무를 비껴 맞아 옆으로 튕겨 나가며 현민이 앞에 내리꽂혔어요.

순식간에 현민이 얼굴이 겁에 질려 새하얘졌어요.

"괜찮아?"

두산이는 땅바닥에 박힌 도끼를 보고 아찔해하며 물었어요.

"하마터면 발이 날아갈 뻔했어요. 안 도와주셔도 괜찮으니 빨리 들어가셔요."

현민이가 긴 한숨을 내쉬며 갈색 항아리가 있는 곳으로 갔어요. 현민이 키 절반쯤 되는 항아리는 물이 가득 차 있어 제법 무거워 보였어요. 현민이가 물동이를 옮기려고 안간힘을 쓰자 항아리에 가득 채웠던 물이 찰방찰방 흘러넘쳤어요.

"내가 도와줄게."

두산이는 좀 전에 있었던 일을 갚으려는 듯 도와주려했어요. 현민이는 마지못해 항아리 입구 한쪽을 잡아 들도록 했어요. 손잡이가 없어 불편했지만 두산이는 항아리 입구 한쪽을 꼭 잡았어요.

항아리 입구를 잡고 함께 들어 올리는 순간, 두산이

의 손이 미끄러지며 항아리를 놓쳤어요. 땅바닥에 쳐박힌 물항아리는 쩍 하며 갈라져 물이 줄줄 샜어요.

"어떡해! 정말……."

두산이는 미안한 마음에 말끝을 흐렸어요.

"이건 제가 알아서 할 테니 빨리 서당에 가세요. 어르신께 또 혼날 거예요."

현민이가 걱정스레 말하자 두산이는 너무 미안해서 아무 말도 하지 못했어요.

두산이는 다급하게 부모님께 인사하고 서당으로 향했어요. 초가집들이 옹기종기 있는 마을을 지나자 작은 개울이 나왔어요. 개울 사이에 커다란 돌멩이가 징검다리처럼 놓여 있었어요. 두산이는 흐르는 개울물 사이에 놓인 징검다리를 보자 기분이 풀렸어요. 책을 옆구리에 낀 채 두 발을 가지런히 모으고 폴짝 뛰었어요.

"으아아악!"

두산이는 돌멩이 위에서 쭉 미끄러지면서 개울에 풍덩 빠졌어요. 신고 있던 고무신은 훌러덩 벗겨져서 흐르는 물과 함께 떠내려가고 있었고요.

"도련님!"

두산이를 뒤따르던 현민이가 급하게 달려왔어요. 어깨에 지고 있던 지게를 바닥에 내팽겨 치고 말이에요.

현민이는 징검다리를 성큼성큼 건너 두산이에게 다가갔어요. 물속에서 허우적 거리던 두산이는 현민이가 뻗은 손을 붙잡고 일어섰어요. 현민이를 따라 물 밖으로 나온 두산이의 몸은 흠뻑 젖어 있었어요.

"도련님, 고무신 한 짝은 어디 있어요?"

"떠내려갔어."

두산이는 징검다리 돌에 주저앉아서 기운 빠진 목소리로 말했어요.

"걱정 마세요. 제가 찾아올게요. 헌데 이렇게 옷이 다 젖어서 서당에 가실 수 있겠어요? 또 서당에 안 가시면 어르신한테 엄청 혼나실 텐데요."

현민이는 두산이보다 더 근심스러워했어요.

"그런데 넌 어디 가는 길이야?"

"산에 나무하러 가던 길이죠."

"이왕 이렇게 된 거 너 따라 갈래. 서당에도 못 가고 집에도 못 가니까 말이야."

두산이 말을 듣던 현민이의 표정이 더 어두워졌어요.

"저도 더는 모르겠어요. 도련님 마음대로 하세요."

현민이는 후다다닥 달려가 고무신을 찾아왔어요. 벗어 둔 지게를 다시 지고 성큼성큼 산을 향해 걷기 시작했어요. 두산이는 젖은 몸으로 현민이 뒤에 바짝 따라붙었지요.

발바닥이 아플 정도로 걷다 보니 산 입구에 다다랐어요. 야트막한 능선으로 시작된 길이 가파른 산길로 길게 이어졌어요. 두산이는 너무 힘들어서 헉헉거렸어요. 고무신이 미끄러워서 몇 번이나 벗겨졌지요. 현민이는 짚신을 신고서도 곧잘 올라갔어요. 그런 현민이가 어른스럽게 느껴졌어요.

"좀 쉬었다 가면 안 될까?"

"늦으면 해가 져서 위험해요."

"난 더 이상 못 가겠어. 조금만 쉬었다 가자."

두산이가 징징대며 말했어요. 현민이는 마지못해 지게를 벗으며 자리에 앉았어요. 두산이가 먼저 자리에 풀썩 주저앉았어요. 주위를 두리번거리며 주변을 둘러봤어요. 급하게 올라오느라 주위를 살필 틈도 없이 걸었거든요.

"혹시 저거 산딸기 아니야?"

우거진 수풀 속에 빨갛게 익은 산딸기가 보였어요. 두산이는 대답도 듣지 않고 벌떡 일어서서 산딸기로 향했어요. 수북한 산딸기를 보자 침이 꼴깍 넘어갔어요. 두산이는 산딸기를 하나 따 먹었어요. 향긋하면서 달콤한 맛에 기분까지 좋아졌어요.

"이거 좀 먹어 봐."

두산이가 산딸기를 따서 현민이에게 건넸어요. 현민이도 산딸기를 먹었어요.

"비가 안 와서 그런지 산딸기가 엄청 다네요."

"비가 안 오면 왜 달아?"

"가물면 과일들이 더 달거든요."

현민이와 두산이는 말을 이어가며 산딸기를 나눠 먹었어요. 입 안 가득 달콤한 산딸기 향이 번졌어요.

위험해!

"도련님, 이것도 드셔 보세요."

현민이가 두산이에게 짙은 남색 과일을 줬어요. 아주 작은 알갱이가 포도처럼 뭉쳐져 있는 오디였어요. 오디는 현민이 엄지손가락만한 크기였어요.

"이게 뭐야?"

"오디예요. 산딸기보다 달지 않아도 먹을 만해요. 드셔 보세요."

현민이가 입속에 오디를 쏙 넣으며 오물오물 먹었어요. 두산이도 오디를 먹었어요. 많이 달지는 않았지만 오디에서 나온 즙이 갈증을 없애줬어요.

현민이가 나무에 달린 오디를 더 따서 두산이에게 줬어요. 두산이는 오디를 한꺼번에 와구와구 먹었어요.
　"푸하하하하! 도련님, 입이랑 얼굴이 시커매요."
　현민이가 오디 물에 얼룩진 두산이를 보며 크게 웃었어요.
　"네 얼굴도 엄청 웃겨."
　현민이도 오디 물이 배어서 하얀 이가 시커멓게 변해 있었어요. 두산이와 현민이는 오디랑 산딸기를 섞어 먹으며 신나게 놀았어요.

바스락 바스락.

그때 뭔가 움직이는 소리가 들렸어요.

"저기 뭔가 있는 거 같은데?"

두산이가 나무 뒤쪽 수풀을 손가락으로 가리키며 물었어요. 두산이는 좀 더 자세히 보려고 앞으로 다가갔어요. 수풀 속에 있던 물체가 부스럭 소리를 내며 움직였어요.

짙은 갈색의 거친 털이 숭숭 솟아 있고 뾰족한 송곳니가 툭 튀어나온 멧돼지였어요. 두산이는 멧돼지라는 걸 알고 소리를 지르며 도망치기 시작했어요.

"도련님, 뒷모습 보이면 안 돼요!"

현민이가 소리쳤어요. 벌써 멧돼지는 흥분해서 씩씩거리며 두산이를 향해 달려오고 있었지요. 현민이도 뒤돌아 달리기 시작했어요. 손에 들고 있던 산딸기랑 오디도 바닥으로 내던지고 말이에요.

현민이는 두산이를 걱정하며 돌아봤어요. 화가 난 멧돼지가 달려오다 지게와 부딪혔어요. 지게가 완전히 박

살났어요. 그 사이 두산이와 멧돼지와의 거리가 좁혀졌어요.

"제가 따돌릴 테니까 저랑 반대쪽으로 도망가요."

"나 혼자 도망갈 순 없어."

"도련님은 저보다 느려서 금방 잡힐 거예요."

현민이가 다급하게 말하며 멧돼지를 향해 돌을 집어 던졌어요. 더 흥분한 멧돼지가 콧김을 씩씩 내쉬며 현민이를 향해 달려갔어요.

"빨리 도망가세요!"

현민이가 크게 외치며 낭떠러지 쪽으로 달려갔어요.

"어떻게 나 혼자 도망가냐고!"

두산이가 우물쭈물 하고 있는 사이, 멧돼지는 현민이를 쫓아가고 있었어요.

현민이가 절벽 위에 있는 바위에 올라갔어요. 멧돼지가 높은 곳에 오른 현민이를 덮칠 듯 달려들었어요.

"현민아, 안 돼!"

두산이는 차마 눈을 뜨지 못하고 소리를 빽 질렀어요. '퍽' 하는 소리와 함께 두산이는 감았던 눈을 떴어요. 눈앞에 아무것도 보이지 않았어요. 멧돼지도 현민이도 사라졌지요.

두산이는 낭떠러지 쪽으로 달려갔어요.

"현민아, 흐엉 엉."

현민이에게 미안한 마음에 울음이 터졌어요.

"도련님, 저 여기 있어요."

바위 뒤쪽에서 현민이가 쏙 나왔어요.

"뭐야? 어떻게 된 거야?"

두산이는 반가우면서도 놀란 마음에 따지듯 물었어요.

"멧돼지는 낭떠러지로 떨어졌고, 전 바위 뒤에 숨었죠."

현민이가 우쭐대며 말했어요.

"야, 난 네가 죽은 줄 알고 얼마나 놀란 줄 알아?"

"도련님, 얼굴이 난리가 났네요. 시커멓게 오디물이 묻었는데, 눈물까지 흘리니까 딱 거지같아요."

"뭐, 거지같다고? 너도 장난 아니거든."

"그나저나 지게도 다 부서지고 해도 벌써 저물어가서 전 오늘 분명히 어르신께 쫓겨날 거구먼요. 쫓겨나서 거지가 되면 가끔씩 밥이라도 좀 줍쇼."

현민이가 걱정스런 표정으로 말했어요.

"쫓겨나도 내가 쫓겨나야지, 네가 왜 쫓겨나?"

"도련님이야 큰일을 하실 분이니까 혼나시면 그만이죠. 저 같은 종은 일을 제대로 못 하면 바로 쫓겨나니까요."

"안 돼. 절대 그렇게 안 될 거야."

두산이는 스스로에게 다짐이라도 하듯 말했어요.

"도련님, 같이 들어가면 더 혼날 것 같아요. 도련님께서 먼저 집으로 가시면 제가 뒤따라갈게요."

현민이 말을 듣고 두산이는 고개를 끄덕였어요. 화난 표정의 아빠 얼굴이 떠올랐죠.

어느새 노을이 산등성이를 붉게 물들이고 있었어요. 두산이는 집을 향해 터덜터덜 걷기 시작했어요.

집으로

두산이는 집으로 돌아가는 동안 머릿속이 복잡했어요. 서당에 가지 않고 현민이랑 놀았으니 아빠한테 엄청 혼이 날 것 같았거든요.

무엇보다 자신 때문에 현민이가 쫓겨날 줄도 모른다는 생각을 하니까 마음이 무거웠어요. 골목길이 답답한 두산이 마음처럼 어두웠어요.

아빠랑 함께 뒹굴며 장난치던 모습, 엄마가 혼내고 두산이를 안아주던 모습이 차례로 떠올랐어요. 예전으로 돌아가고 싶다는 마음이 간절했어요.

그때, 골목길 모퉁이에서 흰 강아지가 보였어요. 이곳

으로 오기 전에 만났던 봉구를 닮은 강아지였어요. 강아지가 모퉁이를 돌아 사라지자 두산이는 허겁지겁 뒤쫓아 뛰었어요.

"거기 서!"

두산이는 강아지를 놓칠까 봐 큰소리로 외쳤어요.

'강아지를 놓치면 영원히 이곳에 살아야 될지도 몰라.'

두산이는 강아지를 꼭 찾아야 한다는 생각이 들었어요. 강아지를 쫓아서 더 빨리 달렸어요.

하지만 강아지는 보이지 않았어요. 무작정 앞으로 내달렸지요. 숨이 턱 끝까지 차올랐어요. 헉헉 대며 주위를 둘러봤어요. 차가운 공기 때문에 입김처럼 뿌연 김이 서렸어요. 어두워진 골목길, 눈앞이 침침했어요. 희뿌연 안개가 사방에 깔렸어요. 뿌연 안개 속에서도 문고리가 달려 있는 대문이 보였어요.

두산이가 문고리를 향해 손을 뻗었어요.

"도련님!"

현민이의 목소리가 뒤에서 들려왔어요. 두산이는 현민이를 뒤돌아보며 잠시 망설였어요. 하지만 다시 고개를 돌려 문고리를 힘껏 잡아당겼어요.

"두산아!"

익숙한 목소리가 들려왔어요.

"엄마?"

두산이는 정신이 번쩍 들었어요. 소리가 들려온 곳을

향해서 달려갔어요.

"엄마!"

두산이는 있는 힘껏 소리쳤어요. 희뿌연 안개가 거짓말처럼 싹 사라지고 없었어요. 두산이 눈앞에 엄마 아빠가 동시에 보였어요.

"두산아!"

"엄마, 아빠!"

엄마 아빠가 두산이를 향해 뛰어왔어요. 한복을 입지 않은 예전 엄마 아빠 모습 그대로였죠. 두산이는 엄마 품에 쏘옥 안겼어요.

"이 녀석아, 도대체 어디로 사라졌던 거야? 얼마나 찾았는지 알아? 조금만 더 늦었어도 경찰서에 신고하려고 했어."

엄마가 눈물을 흘리면서 두산이에게 말했어요. 두산이를 품에 꼭 안은 채 말이에요.

"제가 잘못했어요."

두산이는 존댓말을 쓰면서 대답했어요.

"여보, 이제 그만 혼내요. 찾았으니 됐어. 안 쓰던 존댓말까지 쓰는 걸 보니 두산이도 많이 놀랐던가 보네."
 아빠가 두산이 머리를 쓰다듬으며 말했어요. 아빠의 부드러운 손길이 닿자 두산이는 마음이 편안해졌어요.

머리에 관을 쓰고 호통 치던 아빠의 모습이 잠시 떠올라서 움찔하긴 했지만요.

"빨리 집에 가서 쉬자. 몇 시간을 헤맸으니 얼마나 힘들었니?"

엄마가 두산이를 걱정스레 바라보며 말했어요. 엄마의 눈이 퀭했어요.

"엄마, 혹시 어디 아픈 거 아니야?"

"이 녀석아, 안 그래도 너 때문에 걱정해서 수명이 줄어들었지 싶다."

엄마가 눈을 흘기며 말했어요.

"엄마, 정말 미안해. 아프면 안 돼요."

두산이는 반말과 존댓말을 섞어 가며 말했어요.

"얘가 많이 놀랐나 보네. 이상한 소리를 다하고."

아빠가 두산이 등을 토닥이며 말했어요.

두산이네 가족은 집에 도착하자마자 씻고 나서 쓰러지듯 잠들었어요. 두산이는 엄마 아빠 사이에 누워서 손을 꼭 잡은 채 잤고요.

다음 날, 두산이는 일찍 일어났어요. 눈을 뜨자마자 주변을 살폈어요. 책상, 옷장, 침대를 보고 나서야 편안히 숨을 내쉬었어요.

"오늘은 해가 서쪽에서 뜨겠네. 안 깨워도 일어나고."

엄마가 아침을 준비하면서 칭찬을 했어요. 두산이는 아침 식사도 일찍 마치고 양치질까지 끝냈어요. 아빠보다 더 빨리 준비를 마쳤지요.

"우리 두산이가 이제 철이 들었나보다."

아빠도 함박 웃으며 엄지손가락을 치켜세우고 칭찬했어요.

두산이는 평소보다 일찍 학교에 도착했어요. 현민이는 벌써 와서 책을 읽고 있었지요. 두산이는 현민이를 보자 반가운 마음이 들었어요. 하지만 무슨 말을 건네야 할지 몰라 망설였어요.

"저, 현민아. 점심때 나랑 축구할래?"

두산이는 용기를 내서 말했어요.

"그래, 좋아. 축구공은 있니?"

현민이가 고개를 끄덕이며 되물었어요.

"돼지오줌보 알아?"

"뭐라고?"

현민이는 도통 모르겠다는 듯 고개를 갸웃했어요.

"아, 아니야. 농담이야. 옛날에는 돼지오줌보로 축구를 했대. 혹시 아니? 너랑 나랑 옛날에 같이 축구했을지."

"어, 그래? 어쨌든 알았어."

현민이가 씨익 웃으며 대답했어요.

점심 식사를 마친 아이들이 운동장에 바글바글 했어요.

"현민아, 내 공 받아."

두산이가 현민이를 향해 공을 힘껏 찼어요.

"그래, 좋아!"

현민이는 두산이가 찬 공을 맞받아 찼지요. 두산이는 존댓말을 하던 현민이가 떠올랐어요. 돌쇠가 무사히 잘 있을까 걱정도 됐고요.

'앞으로 현민이에게 잘해 줄 거야.'

두산이는 다짐하며 있는 힘껏 축구공을 찼어요. 축구공이 운동장을 가로질러 공중으로 슝 날아갔어요.

◆ 어린이가 배워야 할 **절대 예절**

"예가 아니면 보지 말고,
예가 아니면 듣지 말고,
예가 아니면 행하지 말라."

　이 말은 논어에 나오는 공자님의 말씀이에요. 여기서 말하는 '예'는 예절을 의미해요. 예절은 '예의범절'의 준말이기도 하지요. 공자님 말씀의 뜻은 상대방을 바른 말투와 행동으로 대하며 예의범절을 지켜야 한다는 거예요.
　여러분은 스스로 예의가 바르다고 생각하나요? 한 번도 생각해 본 적이 없다고요? 그럼 지금부터 일상생활에서 상황에 따라 지켜야 할 **절대 예절**에 대해 정리해 볼게요.

첫째, 가정에서 지켜야 할 예절이에요.
　아침에 일어나면 잠자리부터 정리해야 해요. 이불을 착착 반듯하게 개서 한 쪽 구석에 둬야 한답니다. 어른이 되면 옷장에 이불을 넣을 수 있지만 아직까지 힘들 수 있으니 이불을 개서 정리하는 것만 해도 절대 예절 지키기 합

격이에요.

  이불 정리가 끝나면 부모님께 **아침 인사**를 해야 해요. 또 **아침 식사**를 할 때는 부모님이 먼저 밥을 한 술 뜬 다음에 식사를 하는 게 예의바른 태도랍니다. 부모님이 출근 준비로 바쁘셔서 먼저 먹으라고 하신다고요? 그런 경우에는 "죄송하지만 먼저 먹을게요."라거나 "감사히 잘 먹겠습니다."라고 인사하고 먹는 게 좋겠죠.

  둘째, 학교에서 지켜야 할 예절이에요.

  학교에 가면 제일 먼저 **선생님이나 친구들에게 인사**부터 해야 해요. 선생님도 학교에서 근무하는데, 선생님이 교실에 들어서도 멀뚱하게 있는 친구들이 많답니다. 오히려 선생님이 친구들한테 먼저 인사를 하는 경우도 많아요. 평소에는 착한 친구들인데 인사하는 습관이 생기지 않아서 그런 것 같아요.

  학교는 여러 친구들이 함께 사용하는 공간이기 때문에 교실의 **책상이나 의자** 등을 함부로 사용하면 안 돼요. 다음에 사용할 친구들에게 피해를 줄 수도 있으니까요. 또

◆ 어린이가 배워야 할 **절대 예절**

화장실에서 물장난을 하거나 휴지를 엉망으로 사용하고 쓰레기통이 아닌 곳에 버려서는 곤란해요. 만약 여러분이 화장실에 들어갔는데 엉망진창이 되어 있다면 인상이 절로 찌푸려지겠죠?

학교 복도에서 뛰는 것도 안 돼요. 물론 화장실이 너무 급하거나 다급한 일이 생긴 경우는 어쩔 수 없지만 말이에요. 복도를 뛰어다니다 보면 다른 친구들과 부딪혀서 다칠 수도 있답니다.

셋째, 공공장소에서 지켜야 할 예절이에요.

도서관에서는 이야기를 하면 안 돼요. 꼭 말을 해야 하는 상황이라면 목소리를 작게 소곤소곤 이야기해야 한답니다.

공중화장실에서는 새치기를 하지 말고 줄을 서야 해요. 또 변기 위에 신발을 신고 올라가서는 안 돼요. 화장실 세면대를 사용할 때는 물을 너무 세게 틀면 옆 사람에게 물이 튈 수도 있으니까 주의해야 하고요.

백화점이나 마트에서는 부모님께 원하는 물건을 사달

라고 떼쓰지 않아야 해요. 또 쇼핑카트는 물건을 담는 것인데 쇼핑카트를 타고 다니는 위험한 행동을 하면 안 되겠죠? 가끔씩 이쑤시개를 들고 다니면서 음식을 시식하는 친구들도 있는데, 시식 음식은 음식을 살지 말지 망설여질 때 맛보는 거예요.

지금까지 일상생활 중에 특히 신경 써야 할 예절에 대해 알아보았는데 어땠나요? 지킬 것들이 너무 많아서 한숨부터 나온다고요?

우리가 지켜야 할 예절들을 머릿속으로 외워야 한다면 당연히 힘들어요. 하지만 나보다 상대방을 먼저 생각하는 배려의 마음을 가진다면 이러한 예절들은 자연스레 따라오는 거랍니다.

이 책을 읽은 친구들은 예절을 잘 지키는 멋진 어른으로 성장할 거라 믿어요. 백두산 도련님과 함께 응원할게요.